DATE DUE

SP　　　　　　　　BC#32457121000545　$18.99
597.3　　Durrie, Karen
DUR　　Yo soy el gran tiburon blanco

Morrill ES
Chicago Public Schools
6011 S. Rockwell St.
Chicago, IL　60629

Yo soy el gran tiburón blanco

Karen Durrie

www.av2books.com

El enriquecido libro electrónico AV² te ofrece una experiencia bilingüe completa entre el inglés y el español para aprender el vocabulario de los dos idiomas.

This AV² media enhanced book gives you a fully bilingual experience between English and Spanish to learn the vocabulary of both languages.

Spanish

English

Navegación bilingüe AV²
AV² Bilingual Navigation

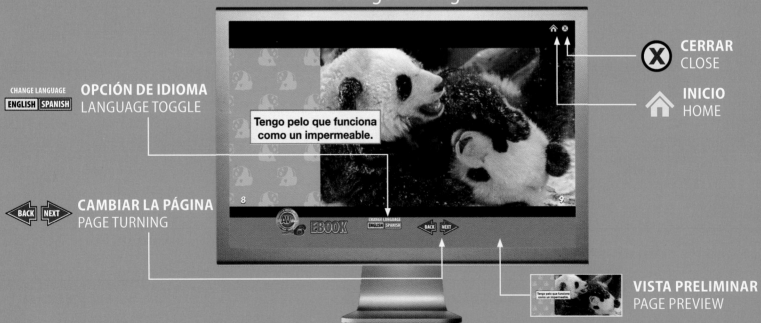

CERRAR
CLOSE

INICIO
HOME

CHANGE LANGUAGE
ENGLISH SPANISH
OPCIÓN DE IDIOMA
LANGUAGE TOGGLE

Tengo pelo que funciona como un impermeable.

BACK NEXT
CAMBIAR LA PÁGINA
PAGE TURNING

VISTA PRELIMINAR
PAGE PREVIEW

Yo soy el gran tiburón blanco

En este libro te enseñaré acerca de:

- **mí mismo**
- **mi alimento**
- **mi hogar**
- **mi familia**

¡y mucho más!

3

Soy un gran tiburón blanco.

4

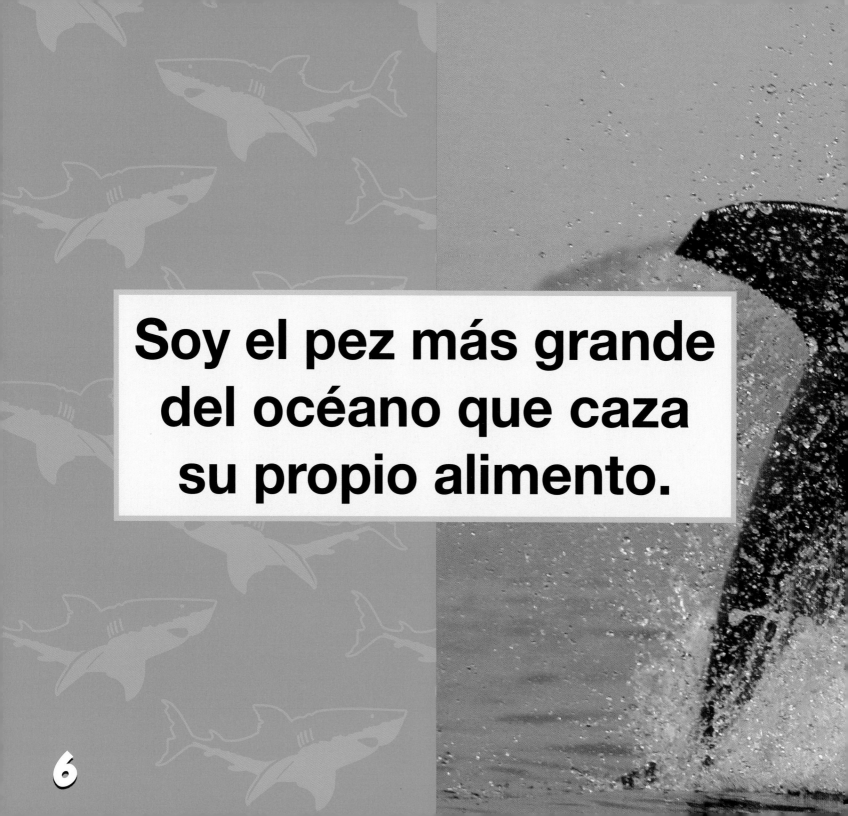

Soy el pez más grande del océano que caza su propio alimento.

Mi piel parece
una lija fina.

8

9

No tengo huesos
en mi cuerpo.

11

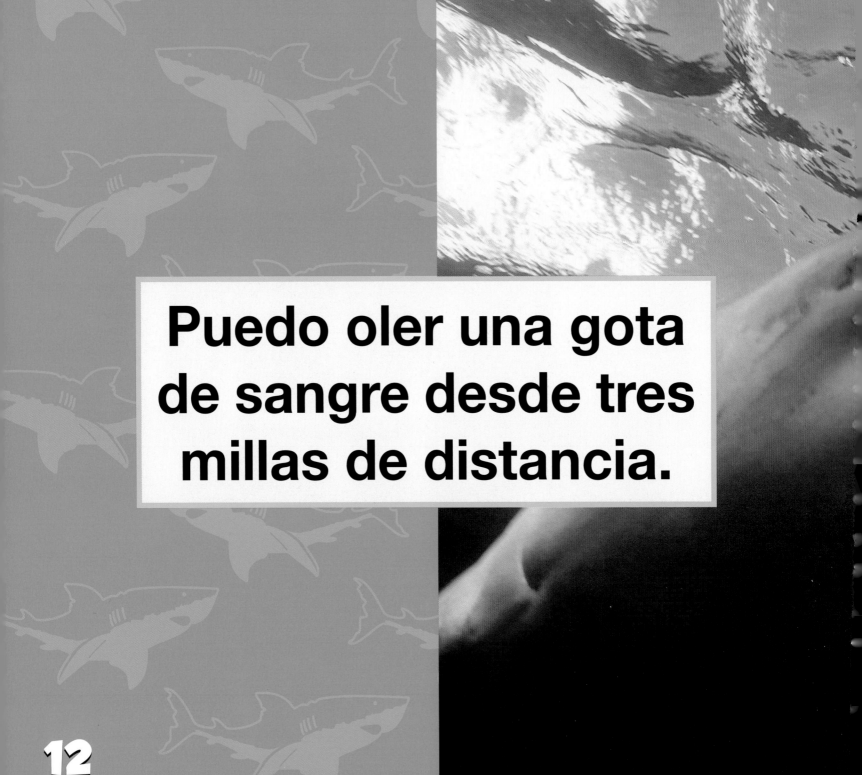

Puedo oler una gota de sangre desde tres millas de distancia.

Puedo nadar cuando estoy dormido.

15

Me crecen nuevos dientes durante toda la vida.

16

Puedo sentir un latido de corazón desde 9 pies de distancia.

19

Tengo una gran aleta en la espalda.

Soy un gran tiburón blanco.

DATOS SOBRE LOS TIBURONES

Estas páginas brindan información detallada que amplía aquellos datos interesantes que se encuentran en el libro. Se pretende que los adultos utilicen estas páginas como herramienta de aprendizaje para contribuir a que los jóvenes lectores completen sus conocimientos acerca de cada animal sorprendente que aparece en la serie *Yo soy*.

páginas 4–5

Soy un gran tiburón blanco. Los tiburones blancos viven en aguas costeras en los océanos de todo el mundo. Cuando nacen, se llaman crías. Enseguida nadan alejándose de la madre para cuidarse solos. Las crías de los tiburones blancos miden aproximadamente 5 pies (1,5 metros) de largo.

páginas 6–7

Los tiburones blancos son los peces más grandes del océano que cazan su propio alimento. Los tiburones blancos son los peces predadores más grande de la Tierra. Pueden llegar a medir más de 20 pies (6 m) de largo y pueden crecer hasta más de 5.000 libras (2.268 kilogramos). Esto significa pesar tanto como una camioneta.

páginas 8–9

La piel de los tiburones blancos parece una lija fina. La piel del gran tiburón blanco está cubierta por una capa de dientes diminutos llamados dentículos. Estos dentículos hacen que la piel del tiburón se sienta áspera como una lija fina en una dirección, pero si se toca en dirección opuesta, la piel se siente suave.

páginas 10–11

Los tiburones blancos no tienen huesos en el cuerpo. El esqueleto de un tiburón se compone de cartílagos. Este es el mismo material flexible que compone las partes flexibles de las orejas y narices de las personas. El cartílago permite que el tiburón doble rápidamente cuando nada.

Published by AV² by Weigl
350 5th Avenue, 59th Floor New York, NY 10118
Website: www.av2books.com   www.weigl.com

Library of Congress Cataloging-in-Publication Data

Durrie, Karen.
  [I am a great white shark. Spanish]
  Gran tiburón blanco / Karen Durrie.
     p. cm. -- (Yo soy)
  Audience: K to grade 3.
  ISBN 978-1-62127-567-1 (hardcover : alk. paper) -- ISBN 978-1-62127-568-8 (ebook)
  1. White shark--Juvenile literature. I. Title.
  QL638.95.L3D8718 2014
  597.3'3--dc23

                              2013005040

Printed in the United States of America in North Mankato, Minnesota
1 2 3 4 5 6 7 8 9 0 17 16 15 14 13

032013
WEP050313

Project Coordinator: Karen Durrie
Spanish Editor: Tanjah Karvonen
Art Director: Terry Paulhus

Every reasonable effort has been made to trace ownership and to obtain permission to reprint copyright material. The publishers would be pleased to have any errors or omissions brought to their attention so that they may be corrected in subsequent printings.

Weigl acknowledges Getty Images as the primary image supplier for this title.